LE
TARIF DES DOUANES

ET LE

PRIX DU BLÉ

PAR

Jules LIÉGEOIS

Professeur de droit administratif à la Faculté de droit de Nancy

Extrait de la REVUE GÉNÉRALE D'ADMINISTRATION

NANCY
IMPRIMERIE BERGER-LEVRAULT ET Cⁱᵉ
11, RUE JEAN-LAMOUR, 11
MÊME MAISON A PARIS

1881

LE
TARIF DES DOUANES

ET LE

PRIX DU BLÉ

PAR

Jules LIÉGEOIS

Professeur de droit administratif à la Faculté de droit de Nancy

Extrait de la REVUE GÉNÉRALE D'ADMINISTRATION

NANCY

IMPRIMERIE BERGER-LEVRAULT ET Cie

11, RUE JEAN-LAMOUR, 11

MÊME MAISON A PARIS

1881

LE TARIF DES DOUANES

ET

LE PRIX DU BLÉ

Entre toutes les questions qui s'imposent et s'imposeront chaque jour davantage aux préoccupations de l'opinion publique, — en dehors et au-dessus des querelles des partis, — il faut placer parmi les plus graves et les plus délicates, les questions qui se rattachent à l'organisation du travail et celles qui touchent à l'alimentation publique.

Depuis 1789, la liberté du travail et de l'industrie a été sans cesse grandissant, et, comme on l'a dit avec raison, — après la suppression de la plupart des entraves imposées à la production industrielle sous l'ancien régime, — on peut juger du mal qui a été fait autrefois par le bien qui s'est fait depuis.

Sauf une petite école, qui prétend trouver la solution de nos crises sociales dans un retour vers les corporations et les jurandes, tout le monde, aujourd'hui, est à peu près d'accord sur ce point qu'il faut laisser au travail la liberté de se développer à son gré, dans toutes les directions où les individus veulent exercer leur activité.

Mais l'accord cesse, et la division reparaît, dès qu'il s'agit, non plus de produire les richesses, mais de les échanger les unes contre les autres. Faut-il, comme le demande la science économique, laisser, sur ce point, toute liberté aux intérêts particuliers? ou ne doit-on pas se préoccuper des différences de sol, de climat, de fertilité, de développement économique que présentent les divers peuples ; et ne faut-il pas — dans chaque pays — protéger l'agriculture et l'industrie nationales contre l'agriculture et l'industrie étrangères ?

Telle est la question qui se pose entre les partisans et les adversaires de la liberté commerciale. Envisagé sous tous ses aspects, ce sujet serait trop vaste pour être traité ici avec les développements nécessaires. Nous n'en voulons, pour le moment, retenir qu'une partie, mais non la moins importante. Nous limiterons cette étude à la question des céréales, et nous examinerons s'il y a lieu de maintenir la libre entrée du blé étranger, telle qu'elle existe depuis vingt ans, ou si l'on doit, — comme le demandent la plupart des sociétés d'agriculture, — protéger nos cultivateurs par l'établissement d'un droit à l'importation des produits agricoles.

I.

Sous l'ancien régime, on trouve une multitude d'ordonnances, d'édits, de règlements, de prohibitions de toute nature concernant la culture et le commerce des blés. En nulle autre matière peut-être, l'esprit de réglementation ne s'est donné plus ample carrière ; nulle part ailleurs, il n'a accumulé tant de dispositions incohérentes, inefficaces, souvent nuisibles, parfois contradictoires. Tantôt on prescrit d'arracher des vignes pour augmenter les ensemencements de blé ; tantôt, comme après le terrible hiver de 1709, on empêche les cultivateurs de renouveler les semis et, les blés en terre ne repoussant pas, comme on l'avait espéré, on provoque ainsi une terrible famine.

Puis, c'est le commerce et le transport des céréales qui subissent mille entraves ; les marchands, les spéculateurs qui, seuls, pourraient assurer une bonne répartition de la richesse produite, sont flétris du nom d'accapareurs, et souvent poursuivis, traqués, emprisonnés. Les douanes intérieures opposent des barrières infranchissables au transport des grains, quand ce ne sont pas les populations elles-mêmes qui arrêtent de vive force les expéditions. Et alors il arrive que, non loin d'une région où la denrée alimentaire est rare et chère, il s'en trouve une autre où l'abondance avilit les prix, au point que l'on donne parfois du blé aux animaux, alors que la disette sévit à cinquante lieues de là.

Durant la période révolutionnaire, la situation ne s'améliore pas. La crise terrible que traverse la France, les populations rurales abandonnant la charrue pour défendre la frontière, le mauvais état des routes, le défaut de sécurité pour les producteurs .et les marchands de grains, les lois de maximum, les. assignats, etc., tout concourt à rendre de plus en plus difficiles l'alimentation publique en général et, en particulier, les approvisionnements de céréales. Plus d'une fois, le prix du pain ou l'insuffisance des quantités fabriquées sont le motif ou le prétexte d'émeutes ou de scènes sanglantes.

Sous le premier empire, la question des subsistances perd le caractère aigu et douloureux qu'elle a eu longtemps ; néanmoins, l'inventeur du *Blocus continental* était peu fait pour goûter les bienfaits de la liberté, même économique, et l'on peut signaler encore des mesures vexatoires comme le décret de 1812, qui défend de vendre et d'acheter du blé ailleurs qu'au marché.

Toutefois, c'est seulement sous la Restauration qu'on formule et qu'on applique en grand la théorie d'une protection douanière à accorder à l'agriculture, en vue de provoquer une hausse artificielle du prix de ses produits. Le Gouvernement veut favoriser la reconstitution de la grande propriété, et, pour atteindre ce but, les taxes de douanes devaient paraître un moyen efficace. C'est ainsi qu'on élève, en une seule fois, de 3 fr. 50 c. à 55 fr. par tête, le droit à l'importation des bœufs étrangers. C'est ainsi, encore, qu'on arrive au système dit de l'*Échelle mobile*. De 1814 à 1832, ce système, emprunté à l'Angleterre, s'établit, se complète et se fortifie de plus en plus, de manière à soustraire chaque jour plus efficacement l'agriculture française à la concurrence étrangère. On va jusqu'à représenter la prohibition absolue du blé à l'importation, comme le seul moyen de faire régner chez nous l'abondance. « C'est seulement, disait M. Humblot-Conté, dans la discussion de la loi du 4 juillet 1821, depuis que les Anglais ont adopté des lois prohibitives et encouragé l'exportation qu'ils ont détruit les causes de ces disettes fréquentes qui, d'après leur histoire, désolaient jadis cette contrée. La législation prohibitive, qui s'applique si heureusement à l'Angleterre, a besoin d'être renforcée quand elle s'applique à la France, pour laquelle il n'y a qu'une prohibition entière qui puisse prévenir les disettes ; parce que ce n'est qu'avec les prohibitions absolues que nous pouvons encourager le commerce des grains et les spéculations sur cette denrée[1]. »

Mais les Chambres n'allèrent pas jusqu'à ce système de la prohibition

---

1. Séance du 4 avril 1821.

absolue, préconisé comme devant produire l'abondance. Elles s'arrêtèrent à une combinaison compliquée, ingénieuse, séduisante au premier abord, mais qui devait tromper singulièrement les espérances qu'on en avait conçues. Elles cherchèrent à déterminer, pour chacune des grandes régions du pays, un prix qui fût considéré comme rémunérateur pour la production du froment ; puis elles tentèrent, par le jeu des tarifs, tant à l'importation qu'à l'exportation, de limiter, aussi étroitement que possible, l'écart des prix, soit en hausse, soit en baisse.

Les départements frontières furent divisés, par la loi du 4 juillet 1821, en quatre classes et en huit sections ; dans chacune de ces sections, certains marchés, désignés dans un tableau-annexe, étaient constitués marchés régulateurs pour la constatation authentique du prix de l'hectolitre de blé, au moyen des mercuriales dressées par les maires. Quand le prix des mercuriales était le même que celui qu'on avait considéré comme rémunérateur, l'importation du blé étranger était libre, moyennant un droit de 25 cent. par hectolitre de froment et de 50 cent. par quintal métrique de farine. Mais, si le prix du blé venait à baisser sur les marchés régulateurs, le droit de douane s'élevait d'abord de 1 fr., ensuite de 1 fr. 50 c. par hectolitre, pour chaque franc de baisse du blé indigène. Le tarif pouvait changer, et changeait, en effet, tous les mois, d'après les cours variables de la denrée.

Quant à l'exportation, elle était permise, avec un simple droit de balance de 25 cent., jusqu'à ce que les prix des marchés régulateurs eussent atteint 25 fr. dans la 1re classe, 23 fr. dans la 2e, 21 fr. dans la 3e et 19 fr. dans la 4e ; au-dessus de ces limites, il était perçu un droit d'exportation de 2 fr. par hectolitre, pour chaque franc de hausse du blé national.

En 1819, 1820, 1821, 1832 [1], le législateur s'était bercé de l'espoir que l'*Échelle mobile*, par le fonctionnement des tarifs successivement opposés à l'importation et à l'exportation, maintiendrait des prix peu éloignés les uns des autres, et, en tout cas, suffisamment rémunérateurs pour les producteurs de blé. C'était là une illusion que les faits ne

---

1. Le principe de l'échelle mobile fut posé dans la loi du 2 décembre 1814, quant à l'exportation, et dans celle du 28 avril 1816, pour l'importation, lois qui furent successivement modifiées et complétées par celles du 16 juillet 1816, du 4 juillet 1821, du 20 octobre 1830, du 15 avril 1832 et du 26 avril 1833.

devaient pas tarder à dissiper. En 1819, le prix moyen du blé avait été de 18 fr. 43 c. ; en 1820, il tomba à 16 fr. 60 c. En 1821, il avait été de 18 fr. 65 c. ; après la loi votée cette année même, il tomba à 15 fr. 08 c. en 1822 ; il fut de 17 fr. 20 c. en 1823 ; de 15 fr. 86 c. en 1824 ; de 14 fr. 80 c. en 1825 ; de 15 fr. 23 c. en 1826 et de 15 fr. 97 c. en 1827 ; alors le cours se releva, et il demeura à une moyenne de 21 fr. 22 c. jusqu'en 1833. « La loi n'avait donc pas eu le pouvoir de relever les prix, quoiqu'elle fût à peu près prohibitive, car, dans la 1ʳᵉ classe, à Marseille, l'importation ne fut permise que pendant un seul mois (février 1828), de 1821 à 1830[1]. » Il en fut de même après la loi du 15 avril 1832.

Mais si, en temps d'abondance, l'*Échelle mobile* ne procurait pas toujours au cultivateur les prix élevés qu'on lui avait fait entrevoir, en revanche, elle devenait on ne peut plus nuisible quand la production du blé était insuffisante. Dans ce dernier cas, les droits des consommateurs — si étrangement méconnus par la loi — étaient sacrifiés jusqu'à la plus injustifiable iniquité. Qu'arrivait-il en effet ? Le commerce des blés était rendu singulièrement difficile, et même dangereux, par les incessantes variations des droits de douanes, subordonnés tous les mois aux changements qui affectaient les prix des marchés régulateurs. Qu'un armateur de Marseille achetât à Odessa du blé, pour l'importer en France : il se pouvait que, à son arrivée sur nos côtes, le navire chargé de la précieuse denrée trouvât un droit d'importation supérieur de 2 fr., 3 fr., 4 fr., ou davantage au droit existant lorsque l'achat avait été conclu. L'opération la mieux conçue pouvait ainsi se résoudre en une perte plus ou moins considérable. Or, les transactions commerciales qui donnent une perte au lieu d'un bénéfice ne se renouvellent pas ; donc le blé étranger, nécessaire pour combler le déficit de nos récoltes, n'arrivait plus dans nos ports. Ou du moins, il n'y arrivait que tardivement, et à quelles conditions ? Seulement, quand la cherté était devenue assez grande en France, quand il y avait, entre nos mercuriales et les prix du marché d'Odessa, une différence assez considérable, une marge assez large, pour couvrir le négociant importateur contre le risque toujours menaçant d'une surélévation des droits de douane.

On voit que l'*Échelle mobile* amenait forcément une hausse excessive du prix du blé. C'est ainsi que, en 1847, on atteint les cours de 50 à

---

1. G. DE MOLINARI, *Dictionnaire de l'économie politique*, vᵒ *Céréales*.

60 fr. l'hectolitre, et que la difficulté des transports maintient, entre les différentes régions de la France, des écarts qui vont jusqu'à 22 fr. [1].

Aussi fallut-il, dans les mauvaises années, et sous la pression la plus impérieuse des nécessités de l'alimentation publique, suspendre l'application d'un système aussi défectueux. Ces suspensions furent prononcées en 1847, en 1854, pour six ans, et enfin en 1860.

Cependant l'Angleterre, si longtemps attachée au système protecteur, qu'elle considérait comme une défense indispensable à son agriculture et à son industrie, l'Angleterre avait, depuis 1846, grâce au courage et à la haute intelligence de Robert Peel, renoncé à augmenter artificiellement le prix des denrées alimentaires, en taxant l'importation des céréales. Rien n'est plus curieux ni plus intéressant que la campagne de huit années menée par Cobden et ses amis contre les *lois céréales*. Frédéric Bastiat, notre grand économiste, a fait l'histoire de cette bienfaisante et pacifique révolution, accomplie malgré les efforts et les résistances de l'aristocratie anglaise par la toute-puissance de l'opinion publique, enfin éclairée sur les droits des classes ouvrières. Il faut voir dans *Cobden et la Ligue* [2] quels prodiges d'énergie, de patience, d'habileté, d'éloquence, d'activité signalèrent cette lutte engagée contre la protection agricole par les Cobden, les Bright, les Gibson, les Villiers, les Fox, etc., etc. [3]. Les glorieux agitateurs de l'*Anti-corn-law League*

---

1. Fréd. Passy, *les Machines*, p. 48.

2. *Cobden et la Ligue, ou l'Agitation anglaise pour la liberté des échanges*; Introduction, p. 37.

3. Comme exemple de l'éloquence, à la fois familière et incisive, mise par les orateurs de la Ligue anglaise au service des idées auxquelles ils devaient convertir enfin le chef même du parti tory, nous citerons le passage suivant du discours prononcé le 25 janvier 1844, par W. Fox, au meeting de Covent-Garden. Discutant quelques-uns des sophismes sur lesquels s'appuie le régime restrictif, et en particulier le prétexte tiré de l'indépendance nationale, l'orateur s'écrie :

« Être indépendants de l'étranger », c'est le thème favori de l'aristocratie. Elle oublie qu'elle emploie le guano à fertiliser les champs, couvrant ainsi le sol britannique d'une surface de sol étranger qui pénétrera chaque atome de blé et lui imprimera la tache de cette dépendance dont elle se montre si impatiente. Mais qu'est-il donc ce grand seigneur, cet avocat de l'indépendance nationale, cet ennemi de toute dépendance étrangère? Examinons sa vie. Voilà un cuisinier *français* qui prépare le dîner pour le maître et un valet *suisse* qui apprête le maître pour le dîner. Milady, qui accepte sa main, est toute resplendissante de perles qu'on ne trouve jamais dans les huîtres britanniques, et la plume qui flotte sur sa tête ne fut jamais la queue d'un dindon anglais. Les viandes de sa table viennent de la Belgique, ses vins du Rhin et du Rhône. Il repose sa vue sur des fleurs venues de l'Amérique du Sud et il gratifie son odorat de la fumée d'une feuille apportée de l'Amérique du Nord. Son cheval favori est d'origine arabe, son chien finirent par entrer dans la Chambre des communes. « Ils y formèrent, dit Bastiat, en dehors des Whigs et des Torys, un parti, si l'on peut lui donner ce nom, qui n'a pas de précédents dans les annales des peuples constitutionnels, un parti décidé à ne sacrifier jamais la vérité absolue, la justice absolue, les principes absolus aux questions de personnes, aux combinaisons, à la stratégie des ministères et des oppositions. »

La résistance des grands propriétaires fonciers, des *land-lords*, à la libre importation des céréales fut longue, violente, acharnée. Mais quel ne dut pas être l'étonnement et la colère du parti conservateur, quand on vit le chef même des Torys, le premier ministre appelé au pouvoir pour défendre les priviléges de l'aristocratie, vaincu lui-même par la raison et la justice, proposer l'abrogation des lois céréales ! Robert Peel ne s'inspira en cette circonstance que du sentiment profond de ses devoirs envers le pays ; sa conviction dut être bien entière pour le décider à un acte que son parti considérait — ou peu s'en faut — comme une trahison. Nous ne savons rien de plus honorable, rien qui classe plus certainement un personnage politique parmi les grands hommes d'État, que ce souci unique de la bonté et de la justice intrinsèque d'une cause longtemps décriée par les passions et les intérêts individuels, que cette vue de l'avenir qui montre, après quelques troubles passagers, le progrès bienfaisant, l'amélioration sérieuse et durable ; que ce sentiment du devoir, qui fait qu'on sacrifie le pouvoir à la réalisation de ce qu'on croit être le vrai et le juste.

Quelle grandeur et quelle simplicité dans ces paroles, que l'illustre

de la race du Saint-Bernard. Sa galerie est riche de tableaux flamands et de statues grecques. Veut-il se distraire, il va entendre des chanteurs italiens, vociférant de la musique allemande, le tout suivi d'un ballet français. S'élève-t-il aux honneurs judiciaires, l'hermine qui décore ses épaules n'avait jamais figuré jusque-là, sur le dos d'une bête britannique. Son esprit même est une bigarrure de contributions exotiques. Sa philosophie et sa poésie viennent de la Grèce et de Rome ; sa géométrie d'Alexandrie ; son arithmétique d'Arabie et sa religion de Palestine. Dès son berceau, il presse ses dents naissantes sur le corail de l'Océan Indien, et lorsqu'il mourra le marbre de Carrare surmontera sa tombe. Et voilà l'homme qui dit : Soyons indépendants de l'étranger ! Soumettons le peuple à la taxe ! admettons la privation, le besoin, les angoisses et les étreintes de l'inanition même ; mais soyons indépendants de l'étranger ! Je ne lui dispute pas son luxe, ce que je lui reproche, c'est le sophisme, l'hypocrisie, l'iniquité de parler d'indépendance, quant aux aliments, alors qu'il se soumet à dépendre de l'étranger pour tous ces objets de jouissance et de faste. Ce que les étrangers désirent surtout nous vendre, ce que nos compatriotes désirent surtout acheter, c'est le blé, et il ne lui appartient pas, à lui, qui n'est de la tête aux pieds que l'œuvre de l'industrie étrangère, de s'interposer et de dire : Vous serez indépendants, moi seul, je me dévoue à porter le poids de la dépendance. » (Fr. Bastiat, *Cobden et la Ligue,* p. 232.)

orateur adressait au Parlement anglais : « Interrogez vos cœurs et ré-
« pondez-moi à cette question : Est-ce que vos assurances de sympathie
« seront moins consolantes et vos exhortations à la patience moins effi-
« caces si, à cette époque, de votre libre consentement, les lois sur les
« grains ont cessé d'exister ? Est-ce que ce ne sera pas pour vous une
« satisfaction de penser que, par votre propre volonté, vous vous êtes
« déchargés de la pesante responsabilité de régler la somme et le prix
« des subsistances ? Est-ce que vous ne vous direz pas alors, avec une
« joie profonde, qu'aujourd'hui, à cette heure de prospérité compara-
« tive, sans céder à aucune clameur, à aucune crainte, si ce n'est à
« cette crainte prévoyante qui est la mère de la sûreté, vous avez pré-
« venu les mauvais jours, et que, longtemps avant leur venue, vous,
« avez écarté tout obstacle à la libre circulation des dons du Créa-
« teur[1] ? »

L'échelle mobile fut abolie, la grande réforme réalisée ; mais bientôt,
comme on l'avait prévu, le ministère fut renversé. Le 29 juin 1846, sir
Robert Peel, au moment d'abandonner le pouvoir, jeta, dans la Chambre des communes, un coup d'œil en arrière sur les grandes questions
qu'il avait été appelé à traiter ; avec une rare modestie, il reporta presque tout le mérite de l'abolition des lois céréales, qu'il venait de réaliser, à Richard Cobden, le chef et l'âme de la *Ligue* ; puis il termina
ainsi : « Peut-être laisserai-je un nom qui sera quelquefois prononcé
« avec des expressions de bienveillance dans les demeures de ceux dont
« le lot en ce monde est le travail, qui gagnent leur pain à la sueur de
« leur front, et qui se souviendront de moi quand ils répareront leurs
« forces par une nourriture abondante et franche d'impôt, d'autant plus
« douce pour eux qu'aucun sentiment d'injustice n'y mêlera plus son
« amertume[2]. »

Nobles et touchantes paroles, que l'Angleterre reconnaissante devait
plus tard graver sur le socle de la statue qu'elle éleva à l'un des plus
grands ministres qui aient honoré ce pays, si riche pourtant en puis-
santes initiatives, en caractères énergiques, en volontés persévérantes
mises au service des grands intérêts de la justice et de l'humanité[3] !

---

1. *Sir Robert Peel,* par M. Guizot, 1859, p. 261.

2. *Ibidem,* p. 277.

3. On ne se fait peut-être pas une idée assez nette de l'importance des intérêts
engagés dans les questions de protection et de libre-échange. A ce point de vue,
nous croyons utile de reproduire ici le témoignage d'un homme que Robert Peel

II.

Le régime de l'*Échelle mobile*, abandonné par l'Angleterre, après la grande agitation et les solennels débats que nous venons de rappeler, devait légalement régir encore la France pendant quinze années. En fait cependant, on se vit forcé de suspendre plusieurs fois l'action de cette législation, aussi impuissante à assurer, en temps d'abondance, les prix rémunérateurs promis à l'agriculture, qu'à garantir, en cas de disette, l'approvisionnement du pays. Ces suspensions se produisirent : en 1847, en vertu de la loi du 28 janvier; en 1853, par le décret du 18 août; en 1854, par celui du 29 novembre. Cette dernière mesure, prorogée d'année en année, par suite d'une série de mauvaises récoltes, dura six ans.

Le décret du 7 mai 1859 rétablit, quant à l'importation, le régime

---

a pu qualifier d'*éminent,* et qui évaluait à 900 millions de francs la charge annuelle que les *lois céréales* imposaient au peuple anglais. M. Deacon Hume, ancien secrétaire du *Board of trade,* s'exprimait ainsi, dans sa déposition devant le comité de la Chambre des communes chargé de préparer le projet relatif aux droits d'importation pour 1839 :

« D. *Le Président :* Avez-vous jamais calculé ce que coûte au pays le monopole des céréales et de la viande ?

« R. Je crois qu'on peut connaitre très-approximativement le taux de cette charge. On estime que chaque personne consomme en moyenne un quarter de blé. On peut porter à 10 sh. ce que la protection ajoute au prix naturel. Vous ne pouvez pas porter à moins du double, ou 20 sh., l'augmentation que la protection ajoute au prix de la viande, orge pour faire la bière, avoine pour les chevaux, foin, beurre et fromage. Cela monte à 36 millions de livres sterling par an; et, en fait, le peuple paye cette somme de sa poche tout aussi infailliblement que si elle allait au Trésor sous forme de taxes.

« D. Par conséquent, il a plus de peine à payer les contributions qu'exige le revenu public?

« R. Sans doute ; ayant payé des taxes personnelles, il est moins en état de payer des taxes nationales.

« D. N'en résulte-t-il pas encore la souffrance, la restriction de l'industrie de notre pays?

« R. Je crois même que vous touchez là à l'effet le plus pernicieux. Il est moins accessible au calcul, mais, si la nation jouissait du commerce que lui procurerait, selon moi, l'abolition de toutes ces protections, je crois qu'elle pourrait supporter aisément un accroissement d'impôts de 30 sh. par habitant.

« D. Ainsi, d'après vous, le poids du système protecteur excède celui des contributions?

« R. Je le crois, en tenant compte de ses effets directs et de ses conséquences indirectes, plus difficiles à apprécier. »

(Fr. Bastiat, *Cobden et la Ligue,* p. 434.)

de l'*Échelle mobile*. Mais son nouveau règne fut court ; les conditions défavorables de la saison de 1860 obligèrent de recourir de nouveau à la suspension de l'échelle mobile, qui fut prononcée par un décret du 22 août.

Enfin, le gouvernement impérial proposa, et les Chambres votèrent la loi du 15 juin 1861, qui a déclaré libres l'importation et l'exportation des grains, farines et autres denrées alimentaires. Quant à l'exportation, aucun droit de sortie ne pourra plus désormais lui être appliqué : l'article 4, § 2, retire au pouvoir exécutif le droit d'user de l'article 34 de la loi du 17 décembre 1814, pour suspendre l'application du nouveau principe. Quant à l'importation, la loi établit un droit de 50 cent. par quintal métrique de froment, épeautre ou méteil, et de 1 fr. par quintal de farine ; mais, à la différence de ce qui existait en vertu de l'échelle mobile, ces droits, qui sont fixes et invariables, sont assez peu élevés pour qu'on ne soit jamais tenté de les supprimer ; en outre, ils n'ont plus aucun caractère protecteur, ce sont de simples droits fiscaux, qui profitent au Trésor public.

Cette législation nous régit depuis vingt ans ; elle a fait ses preuves et donné à tous les esprits éclairés et impartiaux la démonstration la plus éclatante de la puissance et de la fécondité de la liberté des échanges ; à peine était-elle votée qu'une récolte désastreuse mit la France dans la nécessité d'importer jusqu'à 16 millions d'hectolitres de blé pour couvrir le déficit de la production nationale; nous n'avons plus connu ni ces inquiétudes, ni ces émeutes que provoquaient, en d'autres temps, la rareté ou la cherté des subsistances ; nous avons traversé les crises les plus formidables : révolutions, guerre étrangère, guerre civile, et partout la liberté du commerce a fait merveille, partout le blé, le pain, c'est-à-dire la nourriture de chaque jour, s'est trouvé à la portée des plus modestes travailleurs ; on n'a plus connu la disette, alors que nos pères avaient pu, avant 1789, compter, en un siècle, jusqu'à trente et une années de famine !

Et, cependant, cette législation est, depuis quelques années, violemment attaquée ; on la représente comme ayant amené la ruine de l'agriculture française ; on nous montre le blé et la viande d'Amérique *inondant* (c'est l'expression consacrée) le marché français à des prix qui rendent toute concurrence impossible; sous la pression du courant d'importations que nous envoient les États-Unis, la misère devient générale, les propriétaires ne trouvent plus à louer leurs fermes, les fermiers sont endettés, les terres restent en friche, la production du blé et du bétail tend à disparaître, la population agricole déserte les campagnes ! A de si grands maux, on ne trouve qu'un remède à appliquer : le libre-échange ayant fait tout le mal, il faut renoncer à une théorie dangereuse, revenir à la tradition, aux enseignements des hommes pratiques ; il faut protéger les cultivateurs français en rétablissant des droits à l'importation de toutes les denrées agricoles venant de l'étranger ; même le blé n'échappera pas aux mesures restrictives ; évidemment nous en avons trop, nous avons trop de pain, il est à trop bon marché ; on fera payer à l'hectolitre de blé entrant dans nos ports ou franchissant la frontière, 3 fr., 5 fr., d'autres disent jusqu'à 8 et 10 fr. !

Ces plaintes sont-elles fondées ? En admettant que l'agriculture soit véritablement en détresse, faut-il s'en prendre uniquement à la loi de 1861 ? N'y a-t-il d'autre remède qu'un retour à la protection ? C'est là ce que nous voudrions examiner rapidement.

III.

Avant de nous occuper plus spécialement de l'agriculture, il nous faut dire un mot d'une question générale qui domine toutes les discussions en matière de douanes. Nous voulons parler du fameux système de la *balance du commerce,* cent fois réfuté par les économistes, et que l'on a vu reparaître encore dans les délibérations que la Chambre des députés et le Sénat viennent de consacrer au tarif général.

On sait en quoi il consiste. Imbus de cette vieille erreur, qui leur persuadait que la monnaie est la richesse par excellence, et qu'un pays est pauvre ou riche par cela seul qu'il possède peu ou beaucoup de numéraire, les hommes d'État, les politiques, les industriels, les législateurs ont cru longtemps qu'une nation s'enrichit dans le commerce extérieur de tout le montant de ses exportations, et s'appauvrit du montant de ses importations. De là on avait conclu qu'il fallait encourager les unes et entraver les autres, en protégeant la production nationale contre les marchandises étrangères. Cette théorie ne supporte pas l'examen ; nous avons été vraiment surpris de la voir reparaître dans nos débats parlementaires.

Pour en montrer l'inexactitude, il suffit, comme on l'a fait bien souvent après Bastiat, de la traduire en chiffres.

Un commissionnaire de Paris expédie en Amérique des marchandises françaises pour 200,000 fr. ; au lieu de faire rentrer cette somme en numéraire, il l'emploie à solder des achats de coton ; ce dernier produit arrive au Hâvre et s'y vend 220,000 fr., notre négociant a réalisé un bénéfice de 20,000 fr., et cependant, dans le système de la balance du commerce, on inscrit gravement :

Exportations.	200,000 fr.
Importations.	220,000
Perte pour la France.	20,000

Supposons, maintenant, que l'opération se renouvelle. Elle a, cette fois, un résultat moins favorable. Le navire qui porte les produits exportés — lesquels n'ont pas été assurés — fait naufrage ; l'exportateur perd ses 200,000 fr., mais on fera figurer dans les états de douanes :

Exportations.	200,000 fr.
Importations.	»
Bénéfice pour la France.	200,000

C'est exactement le contraire de la vérité. Quand les négociants français font un gain, on leur dit qu'ils réalisent une perte, et quand ils subissent un désastre, on leur assure qu'ils s'enrichissent.

Quelques exemples encore.

Une maison française a des créances sur l'étranger ; ses débiteurs font faillite et les pertes qu'elle subit ainsi diminuent d'autant les importations. Cela est fort heureux pour nous, paraît-il !

Chicago est presque entièrement dévoré par un formidable incendie ; de fortes parties de marchandises — de blé, si l'on veut — appartenant à nos nationaux sont détruites, les importations diminuent ; excellente affaire ! Mais si d'autres ont été assurées, on en importe la valeur sous une forme quelconque ; perte sèche !

Enfin, la guerre d'Amérique éclate ; le coton fait défaut, les importations de matières premières diminuent, nos usines chôment, les ouvriers sont sans travail, la misère sévit dans nos centres manufacturiers : nous nous enrichissons, nous dit la *balance du commerce !*

Sous la pression de prix excessifs, la culture du coton se développe dans l'Inde, où nous ne vendons que pour quelques millions de vins, liqueurs, mercerie, etc. ; nous allons y acheter pour 200 millions de coton ; nos usines reprennent un peu d'activité, nos ouvriers retrouvent de l'ouvrage : n'importe.

> Nous avons acheté pour. .   204 millions.
> Nous n'exportons que pour   30   —

> Nous perdons . . . . . .   174 millions sur notre commerce de 234 millions avec l'Inde[1] ! !

De pareils résultats suffisent à juger une doctrine, même quand elle prétend ne s'appuyer que sur les enseignements de la pratique. Et c'est le cas de dire, avec Frédéric Bastiat, qu'il y a, à vouloir se passer de théorie, la prétention excessivement orgueilleuse de n'être pas obligé de savoir ce qu'on dit quand on parle, et ce qu'on fait quand on agit.

M. Gaston Bazille a donc été bien inspiré quand, dans la séance du Sénat, du 15 février dernier, il opposait l'argument suivant à M. Pouyer-Quertier, partisan de la balance du commerce et grand filateur de coton. Vous importez pour 298 millions de coton en laine, en fils et en tissus ; vous n'exportez que pour 143 millions : donc, vous et vos amis, qui réclamez si hautement la protection, vous nous ruinez, chaque année, jusqu'à concurrence de 150 millions.

On ne pouvait mieux dire.

IV.

La situation douloureuse dont se plaint l'agriculture et qui nous paraît réelle — quoiqu'il entre souvent beaucoup d'exagération dans la peinture qu'on nous en fait — tient à des causes qu'il est facile de signaler, et dont la plupart n'auront sans doute qu'une action temporaire.

Ainsi le phylloxera continue ses ravages dans nos contrées viticoles

---

1. Ce ne sont pas là des chiffres de fantaisie. Nous les empruntons à une lettre adressée au *Journal de la Meurthe* par un ancien négociant, et qui a paru dans le numéro du 23 février 1872. On peut lire dans ce curieux document, que les pertes que les traités de 1860 ont fait subir à la France dans son commerce, soit avec l'Europe, soit avec les contrées hors d'Europe, se sont élevées, pour la seule année 1863, à 1,136 millions !

et, tandis que les vins avaient été jusqu'ici, pour nous, un article d'exportation, nous avons été obligés d'en faire venir de l'étranger, en 1880, pour 285 millions. Même, sous la pression des besoins des consommateurs, on arrive à fabriquer du vin avec des raisins secs de qualité inférieure, achetés en Grèce et en Italie, et ces importations d'un nouveau genre ont pris, à Marseille, une importance considérable.

La production de la garance, qui était pour plusieurs départements du Sud-Est, une source de prospérité, a été à peu près anéantie par la concurrence victorieuse qu'est venue lui faire l'alizarine artificielle, une des créations de la chimie moderne.

La maladie des vers à soie a diminué dans d'énormes proportions les quantités de matières premières que le Midi fournissait à notre grande industrie lyonnaise, et celle-ci s'est vue forcée, pour alimenter sa fabrication, d'aller faire des achats en Chine et au Japon.

L'industrie sucrière traversait naguère encore une crise redoutable, due tant à l'énormité de l'impôt qu'à une succession de circonstances climatériques défavorables.

Enfin, pendant trois années, la France a fait de mauvaises récoltes de blé ; la production nationale a été bien loin de suffire à la consommation et il a fallu, pour assurer l'alimentation publique, recourir à des importations de céréales et autres farineux alimentaires qui ont atteint des chiffres sans précédents.

D'après les constatations officielles ces importations ont été, en valeurs :

En 1878 de.	609,288,000 fr.
1879.	933,083,000
1880.	870,949,000
Ensemble.	2,413,320,000 fr. [1]

Pour le froment, en particulier, il en est entré en France :

En 1878.	13,873,473 quintaux métr.
1879.	22,270,966 —
1880.	19,994,142 —
Ensemble	56,138,581 quintaux métr.

Soit 5 milliards 613 millions de kilogrammes !

---

1. *Journal officiel* du 2 février 1881.

La France consommant, année moyenne, de 100 à 110 millions d'hectolitres, on peut voir par là quelle a été l'importance du déficit dont nous avons été affligés par une série de mauvaises récoltes.

Eh bien, nous le demandons à tout esprit impartial, à tout homme désintéressé dans la question, ou du moins n'y apportant que la préoccupation de l'intérêt général et la passion de la justice, est-il besoin de chercher ailleurs les causes de la détresse dont se plaint l'agriculture? N'y a-t-il pas là des faits accidentels, temporaires, dont — suivant toute prévision — l'action ne sera pas permanente? Pense-t-on que, si nos cultivateurs avaient perçu les *deux milliards et demi* que nous avons dû, en trois années, payer à l'étranger, *pour ne pas mourir de faim,* leur situation ne serait pas meilleure? Et puisque les intempéries des dernières années avaient creusé un si large déficit dans nos ressources alimentaires, où donc placerons-nous la privation, la calamité, le mal réel? Est-ce dans l'insuffisance de la récolte — fait qui échappe à toute action humaine — ou dans les libres transactions du commerce, auxquelles nous avons dû de ne pas manquer de ce pain qui — chez nous et avec nos seuls moyens de production — nous eût fait défaut? En vérité, à entendre certains orateurs protectionnistes, il semble, comme l'a fait remarquer au Sénat, M. Tirard, ministre de l'agriculture et du commerce, que la cause du mal, ce ne soit pas la gelée, la grêle, la pluie, qui compromettent la récolte, mais seulement l'importation étrangère, cet ennemi, ce fléau, qui a substitué pour nous une abondance relative à une terrible disette!

Et quel remède propose-t-on, pour remédier à cette situation que l'on prétend devoir être désormais normale, que nous croyons, nous, exceptionnelle et temporaire? Va-t-on combler le déficit, augmenter la quantité de richesse produite, faire cesser les maux dont nous souffrons? En aucune façon. Il n'y a rien de plus simple : il suffira d'établir un droit à l'importation du blé étranger. Et alors tout prendra une face nouvelle : la prospérité renaîtra, l'agriculture recouvrera sa vitalité, l'aisance régnera de nouveau dans les campagnes, les ouvriers des champs verront augmenter leurs salaires, en même temps qu'ils trouveront une occupation assurée, qui leur manque aujourd'hui: tout ira pour le mieux, dans le meilleur des mondes possibles. Oh ! puissance des illusions et des idées fausses ! Quoi ! il suffira d'une loi en deux lignes, d'un chiffre écrit dans le tarif général des douanes, pour cicatriser les plaies de l'industrie agricole, pour faire renaître l'abondance, pour détourner de nos champs le froid glacial, la nuée orageuse ou les averses répétées? Quoi ! le législateur a un tel pouvoir, et il n'en a pas encore usé ? Nous pouvons commander aux forces indomptées de la nature, au ciel, au vent, au froid, au chaud, à la neige, à la gelée, et tout cela en votant un droit fixe sur le blé étranger? Nous sommes donc bien coupables de n'avoir pas encore recouru à un moyen aussi facile pour créer partout l'abondance!

Eh bien, soit. Établissons-le donc, ce bienheureux droit, et voyons quels en seront les résultats.

Certains défenseurs de l'agriculture avaient, si nous avons bonne mémoire, réclamé un droit de 8 à 10 fr. par hectolitre à l'importation du blé étranger. D'autres n'ont pas osé aller aussi loin et se sont bornés à réclamer, les uns un droit de 5 fr., d'autres même de 3 fr. seulement.

Prenons, si l'on veut, le chiffre le moins élevé. Ou l'établissement d'un droit protecteur n'a pas de sens, ou il doit produire un relèvement du prix de la denrée protégée égal au montant de la protection obtenue. S'il en devait être autrement, que faudrait-il penser d'un remède qui n'agirait pas sur les prix dont l'avilissement, prétend-on, ruine le cultivateur. Voyons pourtant quel va être le résultat, pour le consommateur en général, et en particulier pour le budget du plus modeste de nos concitoyens.

Voici une famille d'ouvriers, composée du père, de la mère et de trois enfants ; on admet que la consommation moyenne est d'environ 3 hectolitres de blé par tête et par an. C'est donc 15 hectolitres qui sont indispensables pour l'alimentation de ce petit ménage ; mais, si le droit protecteur augmente le prix du blé de 3 fr. seulement, c'est une surcharge de 45 fr. par an qu'on impose au chef de famille ; si le droit s'élevait à 5 fr., l'augmentation de dépense atteindrait 75 fr. par an. Voilà donc ce qu'on oserait demander à un homme qui n'a d'autre ressource que son travail et celui de sa famille ; à un contribuable à qui l'État ne réclame souvent qu'une cote personnelle, variant de 1 fr. 50 c. à 3 fr. 50 c. ; ses contributions seraient ainsi décuplées, vingtuplées peut-être, et cela, non pas au profit du Trésor public, qui doit entretenir tous les rouages de l'organisation sociale, mais au profit d'une catégorie spéciale de citoyens, les agriculteurs !

Et veut-on savoir à quel chiffre s'élèverait la dépense imposée au pays tout entier? Notre consommation annuelle est d'environ 100 à

110 millions d'hectolitres ; il faudrait donc que le peuple français ajoutât un impôt supplémentaire de 300 à 500 millions aux 4 milliards et demi qu'il doit prélever chaque année sur le produit de son travail et de son industrie.

Qu'on le veuille ou non, voilà où l'on en arrive forcément avec l'établissement d'un droit à l'entrée du blé étranger. Un tel privilége est évidemment inadmissible. Il choque à la fois le bon sens et les notions les plus élémentaires de justice et d'équité.

Eh bien, nous dit-on, s'il en est ainsi, si vous ne voulez pas venir au secours de l'agriculture française, elle va périr sous le coup de la concurrence étrangère ; il lui est absolument impossible de supporter la lutte ; l'Amérique dispose d'immenses espaces d'une fertilité prodigieuse ; la terre y est pour rien et elle ne paye aucun impôt ; les États-Unis peuvent produire, dans le Far-West, autant de blé qu'en pourra consommer l'ancien monde ; et savez-vous à quel prix ce blé peut être amené sur le marché européen ? A 14 fr. l'hectolitre, ni plus ni moins. Dites si, à ce prix, nos cultivateurs français pourront encore cultiver les céréales.

Nous avouerons que ce prix de 14 fr. nous laisse fort incrédule, quoique M. Pouyer-Quertier ait cru devoir maintenir son affirmation, malgré les rectifications faites, d'après des documents officiels, par M. le ministre du commerce. Nous avons encore présentes à l'esprit les prédictions qui nous étaient prodiguées, il y a vingt ans de cela, au moment où l'on discutait l'abolition de l'*Échelle mobile*. A cette époque, il n'était pas encore question de l'Amérique, c'était le blé d'Odessa qui devait nous « inonder » ; les fameuses « terres noires » de la Russie devaient être pour nous ce que seront bientôt les plaines du Far-West, une mine inépuisable et effrayante de subsistances ; le blé russe devait se vendre en France 10 ou 11 fr. l'hectolitre ! Plus tard, on nous a présenté la Hongrie comme un épouvantail nouveau et plus redoutable encore, la Russie n'ayant pas produit tout l'effet annoncé. Nous croyons qu'il en sera de même de l'Amérique ; les renseignements produits par M. Pouyer-Quertier, les autorités par lui invoquées ne nous ont pas convaincu ; les prédictions n'ont jamais manqué dans la bouche des protectionnistes ; les points noirs qu'ils ont souvent signalés à tous les points de l'horizon nous ont toujours fait l'effet des bâtons flottants dont parle notre grand fabuliste.

Donc nous nous refusons — et l'on va voir que ce n'est pas pour fuir le débat — à discuter les comptes des fermiers du Texas ; et quand on nous dit que l'Amérique nous livrera un jour, bientôt, demain, des blés à 14 fr. l'hectolitre, nous demandons : quel est le prix actuel du blé ? 28 fr. les 100 kilos. C'est assez, répondrons-nous, la cause est entendue.

Toutefois, nous reconnaissons que nous faisons en cela une appréciation personnelle qui peut être contestée ; il faut donc, abondant dans le sens de nos adversaires, examiner ce qui adviendrait si, contre toute attente, ils avaient raison sur le point de fait de l'abaissement continu, progressif, énorme du prix du blé. C'est, qu'on nous permette de le dire modestement, un point de vue qui a été trop négligé, sinon même passé sous silence dans les discussions d'ailleurs très-remarquables de la Chambre des députés et du Sénat.

En un mot, en admettant que l'Amérique puisse nous donner le blé à 14 fr., devons-nous nous défendre contre l'importation de ses produits agricoles ? Une réduction de près de 50 p. 100 dans le prix du premier et du plus indispensable des aliments, de celui sans lequel, en l'état de nos mœurs, nul ne peut subsister, de celui avec lequel, à la rigueur, la vie se soutient, une telle réduction, disons-nous, serait-elle une calamité ? Devons-nous souhaiter qu'elle n'arrive jamais ?

Nous serons très-net sur ce point, très-absolu si l'on veut. C'est un reproche qui nous a été souvent adressé en pareille matière, et qui nous a toujours médiocrement touché. Nous dirons donc : Ce serait là un progrès incomparable, un immense bienfait, plus grand peut-être que tous ceux que la science et la liberté ont déjà su réaliser ; ce serait une véritable révolution économique, dont la portée et les effets seraient incalculables.

Que le lecteur bienveillant daigne nous prêter encore quelques instants d'attention.

V.

Dans la séance du Sénat du 21 février 1881, M. Pouyer-Quertier, rapporteur général de la commission chargée d'examiner le projet de tarif général des douanes, déjà adopté par la Chambre des députés, disait :

« Sans doute il faut chercher à donner à nos populations la vie à

« bon marché... C'est pour cela que, depuis vingt ans, vous leur avez
« donné la vie très-chère, en suivant les doctrines qui ont été inaugurées
« en 1860. J'en appelle au sentiment public : *tout a été plus cher que*
« *par le passé, tout, absolument tout* [1] ! »

Et plus loin :

« Consultez les ouvriers et demandez-leur ce qu'ils désirent. Ils vous
« répondront : du travail, des salaires sûrs, garantis, bien payés ; mais
« ce n'est pas d'un sou ni de deux sous par livre de pain qu'ils se
« préoccupent. Non ! Messieurs, ce qui les préoccupe, c'est 1 ou 2 fr.
« de plus ou de moins par jour sur leurs salaires [2]. »

Nous trouvons là, pris sur le vif, un des plus étonnants exemples
d'un argument mille fois invoqué par les partisans du système protecteur,
et qui, trop souvent, est accepté comme parole d'Évangile par le gros du
public, peu au courant de ces questions et disposé à se laisser prendre
aux grands mots et aux phrases retentissantes. Nous allons voir pourtant qu'il est difficile de trouver un raisonnement plus faible, plus in-
cohérent, enfin, tranchons le mot, plus contradictoire.

Quand on veut démontrer que les traités de commerce conclus en
1860 ont porté un coup terrible aux branches principales de l'industrie française, on peint des plus sombres couleurs la situation que leur
font les importations, dont on essaye de faire ressortir le caractère redoutable, malfaisant, ruineux. Les plaintes ne tarissent pas sur les
conditions inégales de la lutte qu'on a imposée à nos manufactures ;
celles-ci sont hors d'état de supporter la concurrence de nos rivaux
et en particulier de l'Angleterre ; notre marché est « inondé » de produits étrangers, livrés à des prix qui découragent la production nationale.

Quand on prétend, au contraire, que la liberté commerciale, fort
incomplète encore cependant, n'a pas réalisé les promesses qu'on avait
faites en son nom, on traite de pure fantaisie, de chimère le bon marché qui devait résulter du développement des relations internationales,
et l'on nous assure avec le plus grand sang-froid que, depuis vingt ans,
comme le disait tout à l'heure M. Pouyer-Quertier : *tout a été plus cher*
que par le passé, tout, absolument tout !

Il faudrait pourtant s'entendre, et faire un choix entre ces deux argu-
ments : ou il n'y a plus de règles de logique au monde, ou l'on ne peut

---

1 et 2. V. *Journal officiel,* 22 février 1881 ; Sénat, *in extenso,* p. 172.

les invoquer tous deux en même temps. Car si les produits étrangers font une concurrence redoutable à notre industrie, c'est qu'ils sont livrés à des prix moins élevés, et si, au contraire, tout est devenu plus cher, nous nous demandons comment nous pouvons être inondés de produits étrangers. Nous ne pensons pas qu'il soit possible d'échapper à ce dilemme.

La contradiction que nous venons de signaler est certaine, elle est flagrante; mais, enfin, quand elle se produit à des époques distinctes, chez des orateurs différents, on conçoit, à la rigueur, qu'elle échappe à l'attention des auditeurs.

Mais que dire quand nous la trouvons formulée dans le même discours, et quand, après nous avoir assuré que, depuis vingt ans, tout est devenu plus cher, M. Pouyer-Quertier, parlant de ces mêmes ouvriers à qui, selon lui, il importe peu de payer le pain un sou ou deux sous de plus par livre, ajoute pourtant :

« On leur a donné le pain et la vie a bon marché suivant le « principe ; mais, Messieurs, c'est cependant une triste situation que la « leur. Ils n'ont que trois sous pour acheter un objet qui en vaut quatre ; « *qu'importe le bas prix des denrées alimentaires* si les salaires ne sont « pas en proportion[1] ? »

Ainsi, d'après le *leader* du parti protectionniste, on aurait donné aux ouvriers le pain et la vie à bon marché. Cette seconde assertion réfute suffisamment celle que nous avons rappelée tout d'abord. Il est vrai qu'on y met cette réserve que les salaires ne seraient pas en proportion avec le prix même abaissé des denrées alimentaires. Eh bien ! ici encore les plaintes formulées par l'agriculture, ou en son nom, sont contradictoires.

N'est-il pas vrai qu'un des plus graves sujets de doléances de la part des cultivateurs, c'est la rareté et la cherté de la main-d'œuvre ? Ne répètent-ils pas à l'envi qu'ils ne trouvent plus que difficilement les bras dont ils ont besoin pour cultiver leurs terres ? Que non-seulement les salaires des ouvriers ruraux ont notablement haussé, mais encore qu'il faut donner à ces ouvriers une meilleure nourriture qu'autrefois, et que toutes ces circonstances rendent la production plus difficile ? Si cela est vrai — et nous croyons qu'on ne peut sérieusement le contester — que devient l'affirmation de M. Pouyer-Quertier ?

____

1. *Ibidem*, p. 172, col. 2, *in fine*.

Maintenant supposons que, par impossible, l'Amérique soit en état de nous fournir, comme on nous en menace, tout le blé que nous pourrons consommer, à raison de 14 fr. l'hectolitre. Le prix moyen actuel est de 28 fr. à 28 fr. 50 c. le quintal. Supposons, pour faciliter notre raisonnement, que ces prix s'appliquent tous deux à l'hectolitre et disons qu'on pourrait réaliser une économie de 50 p. 100 sur le prix du blé. Devrions-nous, dans ce cas, repousser le blé étranger et, pour protéger l'agriculture nationale, établir un droit d'importation qui maintienne les prix actuels ? Nous répondrons hardiment : Non.

Depuis que l'homme a été condamné à gagner son pain à la sueur de son front, dans quel sens se sont accomplis tous les progrès économiques qui rendent l'état de civilisation incomparablement supérieur aux époques de barbarie ? Ç'a été toujours et partout dans le sens d'un abaissement du prix des produits, amené par une production plus facile et plus abondante. Quel moyen avons-nous de traiter avec la nature et d'obtenir d'elle toutes les choses qui sont nécessaires à la satisfaction de nos besoins ? Un seul : le travail. Et alors, l'école protectionniste, voyant que le travail est la source de toute richesse, est tombée dans cette erreur capitale ; elle s'est dit : Multiplions le travail, même inutile, et nous créerons la richesse. Et c'est pour cela qu'elle veut élever autour de nous une muraille de la Chine, et nous empêcher de demander aux nations étrangères tout ce qu'elles peuvent nous livrer en échange de nos produits.

Mais les importations étrangères agissent exactement comme les machines ; il n'est pas un argument invoqué contre les premières qui ne puisse être tourné contre les secondes, et les industriels ou les agriculteurs qui veulent proscrire les unes, ne sont pas plus éclairés que les ouvriers qui, il y a vingt ou trente ans, brisaient les machines.

Qu'ont fait cependant les machines ? En asservissant les forces de la nature, elles ont rendu, de siècle en siècle, le travail plus facile, la production plus abondante, les sacrifices moins pénibles. Elles ont émancipé ces millions de travailleurs, autrefois soumis au plus dur esclavage, et leur ont substitué des esclaves de fer et de feu, qui ne souffrent pas et jamais ne se reposent.

Croit-on pourtant qu'elles se soient fait place dans l'industrie sans causer des froissements, sans compromettre des intérêts, sans briser parfois des existences dignes de pitié ? Est-ce que les compatriotes de Jacquard n'étaient pas, jusqu'à un certain point, excusables, quand ils voulaient jeter le pauvre inventeur dans le Rhône, parce que son métier allait *diminuer la somme de travail* jusque-là nécessaire pour la fabrication des étoffes de soie ? Et pouvaient-ils prévoir que l'accroissement de la consommation compenserait, et bien au delà, cette diminution de la main-d'œuvre ? Quand la filature mécanique a été inventée, est-ce que les fileuses à la main ont pu soutenir la lutte ? Combien cependant ont souffert, combien ont succombé avant qu'on arrivât à faire produire à un métier (*self-acting*) autant d'ouvrage qu'en pouvaient fournir auparavant 700 travailleurs ?

Nous pourrions multiplier les exemples. Tous nous montreraient que les machines ont de plus en plus amélioré la condition des classes laborieuses parce que, à côté de quelques troubles temporaires, elles produisent de grands et durables bienfaits.

Les importations étrangères agissent dans le même sens ; il serait difficile, pensons-nous, de se faire une idée juste du bien que produirait une réduction de moitié dans le prix de la première de nos denrées alimentaires : le blé.

Quel souci douloureux, quelle angoisse n'est-ce pas encore, pour des millions d'êtres humains, que la préoccupation du pain quotidien, que l'obligation d'assurer, par le travail du chef, l'alimentation de toute la famille. Comparant les siècles passés aux temps actuels, on a pu dire, avec raison, que ce n'est pas la misère qui a augmenté, mais bien l'attention qu'on y prête, le sentiment fraternel et chrétien qui fait que nous prenons part aux souffrances d'autrui. Eh bien ! qu'on essaye de se figurer l'effet que produirait cette bonne nouvelle, sur tant de malheureux encore courbés sous un travail accablant : ce pain, que vous avez tant de peine à gagner, qui est arrosé de vos sueurs, qui, malgré vos efforts, manque trop souvent à votre famille en larmes, ce pain, vous l'aurez désormais à moitié prix.

Ah ! quel immense cri d'allégresse ne s'élèverait pas vers le ciel, et combien semblerait tout d'un coup adouci le fardeau de l'existence, si lourd encore pour tant de millions d'hommes !

Malheureusement, c'est là un espoir chimérique ; nous le craignons du moins. Ce que d'autres veulent représenter comme une calamité publique, nous le considérons, nous, comme un rêve qui sera sans doute encore trop longtemps irréalisable. Du moins ne devons-nous rien faire pour enlever au pauvre sa part des dons de la Providence ; ne l'empêchons pas de profiter, comme c'est son droit, du sol plus fertile, des cieux plus cléments qui donnent, en certains points du globe, des moissons plus abondantes. Agir autrement, ce serait plus qu'une faute, ce serait un crime, un crime de lèse-nation, de lèse-humanité.

La Chambre des députés et le Sénat l'ont bien compris et nous devons les en féliciter. Ils se sont inspirés du sentiment noble et élevé qui dictait les paroles suivantes à l'un de nos plus éloquents orateurs parlementaires :

« Dans beaucoup de nos provinces on ne mange, dit-on, que du pain
« et pas de viande ! J'ai vu, moi qui vous parle, le temps où l'on ne
« mangeait pas encore de pain... J'ai vu le temps où on portait des
« haillons et où les hommes qui étaient chaussés étaient presque une
« exception dans les campagnes. A l'heure actuelle, c'est l'inverse. Dans
« ces mêmes pays auxquels me reporte mon imagination, j'ai vu tout
« récemment des hommes qui se nourrissent mieux — pas encore aussi
« bien que je le voudrais — qui sont vêtus confortablement et qui ne
« savent plus ce que c'est que d'aller nu-pieds. Quand vous voulez
« rétrograder, changer les conditions des consommateurs, il faut que
« vous sachiez qu'il y a des souffrances auxquelles on ne peut plus se
« soumettre quand une fois on y a échappé ; que celui qui autrefois mar-
« chait nu-pieds et qui, depuis dix ans, porte des souliers, ne marchera
« plus jamais nu-pieds.

« Il faut bien aussi qu'on sache que celui qui autrefois ne mangeait
« pas de viande, ou n'en mangeait qu'une fois ou deux par année, ne
« se résignera plus à ne manger que du pain. En un mot, le monde est
« changé ; la science, l'économie politique, la politique l'ont transformé ;
« il a marché en avant, et, ce que vous faites, c'est un effort pour le
« ramener en arrière [1]. »

Grâce à Dieu, le Sénat a refusé de suivre ceux de ses membres qui voulaient le ramener en arrière. Il a voté le projet déjà adopté par la Chambre des députés et soutenu par le Gouvernement. Le blé étranger ne payera, à l'importation, comme cela existe depuis 1861, qu'un droit de balance de 60 c. par hectolitre.

Nous avons donc cause gagnée, au moins en ce qui concerne le blé. Nous espérons que cette victoire sera décisive, que l'on renoncera enfin à renchérir artificiellement le prix du plus indispensable des aliments,

---

1. M. Jules Simon, *Journal officiel* du 23 février 1881 ; Sénat, *in extenso*, p. 189.

et que nous ne verrons plus reparaître cette théorie qui prétend, à la fois, faire vendre le blé cher aux producteurs et livrer le pain à bon marché aux consommateurs !

La raison, le bon sens, la justice, les enseignements de la science économique, le principe de l'égalité des citoyens devant la loi, tout condamne cette doctrine ; tout nous commande, ainsi que l'a su faire Robert Peel, « d'écarter tout obstacle à la libre circulation des dons du « Créateur ».

Nancy, imprimerie Berger-Levrault et Cⁱᵉ.

LIBRAIRIE ADMINISTRATIVE BERGER-LEVRAULT ET Cie

PARIS, 5, RUE DES BEAUX-ARTS. — MÊME MAISON A NANCY

DICTIONNAIRE

DE

L'ADMINISTRATION

FRANÇAISE

PAR

M. MAURICE BLOCK

MEMBRE DE L'INSTITUT

AVEC LA COLLABORATION DE MEMBRES DU CONSEIL D'ÉTAT, DE LA COUR DES COMPTES
DE DIRECTEURS ET CHEFS DE SERVICE DE DIVERS MINISTÈRES, ETC.

NOUVELLE ÉDITION

ENTIÈREMENT REFONDUE, AUGMENTÉE ET MISE A JOUR (1877)

Un volume in-8° de xv-1856 pages, renfermant la valeur de 28 volumes ordinaires
Prix, broché, **30** fr.; relié en demi-chagrin, plats toile, **34** fr. **50** c.

SUPPLÉMENT ANNUEL

I. Novembre 1878. In-8°, même format que le Dictionnaire. Prix : **2** fr. **50** c.
II. Novembre 1879.   —   —   —   Prix : **2** fr. **50** c.
III. Novembre 1880.   —   —   Prix : **2** fr. **50** c.